Dennis Hans Ladener

DIE DATENWELT THEORIE 2.0

Freidenker

**1. Auflage
© 2019 Dennis Hans Ladener
(dladener@googlemail.com**)
Alle Rechte vorbehalten, insbesondere das Recht auf Vervielfältigung und Verbreitung sowie Übersetzung. Kein Teil dieses Buches darf in irgendeiner Form ohne schriftliche Genehmigung des Autors reproduziert oder unter Verwendung elektronischer Systeme verarbeitet, vervielfältigt bzw. verbreitet werden.

Herstellung und Verlag: BoD – Books on Demand, Norderstedt.

ISBN: 9783735778703

Dennis Hans Ladener
geboren am 11.05.1990 in Köln, ist ein deutscher ***Philosoph*** und ***Schriftsteller***, welcher es Anfang 2015 geschafft hat, bereits im jungen Alter von nur 24 Jahren, drei philosophische Sachbücher in Eigenregie auf den Markt zu bringen.

- *„Eine kurze Zusammenfassung des Ganzen"*
- *„Die höhere Erkenntnis: Ein Weg zum besseren Verständnis der Welt"*
- *„Die Datenwelt Theorie (1.0)"*

Schwerpunkt seiner Arbeiten, sowie seines Denkens beruhen hierbei im Kern auf der Philosophie des deutschen Philosophen ***Arthur Schopenhauer***
(* 22. Februar 1788 in Danzig; † 21. September 1860 in Frankfurt am Main).

Da dessen Hauptwerk **„die Welt als Wille und Vorstellung"** stets die größte Quelle der Inspiration für ihn selbst bereithielt.

„Ich war wohl schon immer ein klein wenig sonderbar und verbrachte bereits in meiner Kindheit viel Zeit damit über die Welt nachzudenken. Fantasie, Vorstellungskraft, sowie eine stark ausgeprägte natürliche Neugierde waren hierbei stets meine treuesten Begleiter."

„Das Geheimnis dahinter, warum ich so geworden bin wie ich bin, liegt wohl darin verborgen, dass ich es stets vermieden habe ein typischer „Erwachsener" zu werden!"

2011 beendete er erfolgreich seine Ausbildung zur Fachkraft für Schutz und Sicherheit. Von nun an konnte er sich voll und ganz auf sein persönliches Studium der Philosophie konzentrieren.

„Mit 21 Jahren verliebte ich mich endgültig in die Philosophie und schließlich auch in die Gedankenwelt Arthur Schopenhauers."

„Es war ein langer, einsamer, sowie steiniger Weg. Doch bereut habe ich es nie ihn gegangen zu sein!"

*Der Antrieb unseres Autors liegt darin, komplexe und nur schwer zu verstehende philosophische, gesellschaftskritische sowie naturwissenschaftliche Themen so simpel und anschaulich wie möglich der breiten Bevölkerung zugänglich zu machen.

**Kein leichtes Unterfangen.
Doch eines, welches sich zu versuchen lohnt!**

„Information ist das, was informiert. Also das, wovon Daten abgeleitet werden können. Kein Materialismus, der dies nicht einräumt, kann heute überleben."

~Norbert Wiener

Inhaltsangabe

Vorwort

Seite: 8

Einleitung

Seite: 10

Die Datenwelt Theorie 2.0

Seite: 14

Schlusswort

Seite: 65

Weitere Bücher des Autors

Seite: 66

Vorwort

Das Hauptproblem der Anfang 2015 erschienenen ersten Datenwelt Theorie 1.0 war es, das sie zu zwanghaft versucht hat sich aus der Philosophie meines Lieblings-Philosophen Arthur Schopenhauer heraus abzuleiten.

Diese Ambition war aber rückblickend betrachtet eher kontraproduktiv und über das Ziel hinaus geschossen, zudem war es für den potentiellen Leser sicherlich zusätzlich irritierend, oder vielleicht sogar ärgerlich, das die erste Hälfte des Buches fast ausschließlich aus einer kleinen Arthur Schopenhauer Einführung bestand, obwohl er oder sie bei solch einem Thema sicherlich direkt von Beginn an das Gefühl von Science-Fiction, Wissenschaft und dergleichen erfahren wollte.

Was genau unterscheidet diese neue 2.0 Version der Datenwelt Theorie von der ursprünglichen?

Die Datenwelt Theorie 2.0 ist eine auf das wesentliche reduziertere, aber dennoch spezifisch erweiterte, sowie massiv überarbeitete neue Version der ursprünglich **Anfang 2015** erschienenen „ersten" **Datenwelt Theorie (1.0)**.

- Komplette Überarbeitung!
- Neuer spezifisch themenbezogener Inhalt!
- Für die Theorie irrelevante Themen wurden entfernt!
  (u.a. die Arthur Schopenhauer Einführung.)
- Kompakterer Umfang aber mehr vom Wesentlichen!

Einleitung

Der Mensch hatte schon immer die Sehnsucht sich in andere Welten zu flüchten, was zunächst mit Geschichten am Lagerfeuer begann, ermöglichen uns heute Computer, sowie Videospiele, aber auch Film und Fernsehen. Dazwischen lagen Bücher, Theaterstücke, Gladiatorenspiele und dergleichen. Diese spielen in unserer heutigen Zeit aber wohl eher eine untergeordnete Rolle, denn mit dem Fortschritt unseres Jahrhunderts, wurden auch die Welten in die wir uns flüchten können immer fortschrittlicher.

In einer Welt mit Computern, Playstation und Co, ist kaum noch Platz für die Rückzugsorte der vergangenen Generationen. Schon längst werden wir von einer Welt der Daten und Simulationen dominiert, und dies wird auch dankend von unserer Gesellschaft angenommen, was man an Spielen wie Die Sims, Grand Theft Auto oder World of Warcraft deutlich erkennen kann.
Was früher als unmöglich gegolten hätte oder als Hexerei abgetan worden wäre, ist für uns heute

etwas völlig alltägliches und wird als vollkommen normal und natürlich empfunden.

Egal wo wir hinschauen, befinden sich Menschen in digitalen Welten. Die Entwicklung von Smartphones, Tablets, sowie tragbaren Spielekonsolen, machen uns dies schließlich auch sehr einfach. Überall sieht man irgendwelche Bildschirme aufblitzen, um ihre Besitzer in eine Welt voller Daten zu bannen.

„Da fragt man sich doch, wer besitzt hier eigentlich wen?"

Doch was wäre, wenn ich Ihnen nun sagen würde, das unser gesamtes Universum lediglich solch eine digital simulierte Welt ist, wo ein Jeder von uns nur ein Teilprogramm innerhalb dieses Systems darstellt, und das alles, was wir um uns herum wahrnehmen, ausschließlich eine Ansammlung von Daten ist, einschließlich Sie selbst?

Was würde diese bahnbrechende Erkenntnis für uns Menschen bedeuten, und welche Veränderungen würden sich dadurch in unserem Dasein etablieren?

Könnte die Menschheit mit dieser radikalen Umwälzung ihres bis jetzt gewohnten Weltbildes überhaupt umgehen, oder wären wir überfordert mit dieser völlig neuen Situation?

Wir alle, nur eine Ansammlung von Daten?
Genauso wie die Welt, in der wir leben?

Ich denke, bei den Meisten wird in genau diesem Moment der Reflex des Selbstschutzes einsetzen, welcher dafür sorgt, dass diese neue Sicht der Welt als vollkommene Spinnerei von irgendeinem Verrückten abgestempelt wird, damit das bis jetzt Gewohnte und Altbekannte, erhalten werden kann.

Wie werden Sie reagieren?

01010111 01101001 01101100 01101100 01101011
01101111 01101101 01101101 01100101 01101110
00100000 01101001 01101110 00100000 01100100
01100101 01110010 00100000 01101101 01100001
01110100 01110010 01101001 01111000 00100000
01010111 01101001 01101100 01101100 01101011
01101111 01101101 01101101 01100101 01101110
00100000 01101001 01101110 00100000 01100100
01100101 01110010 00100000 01101101 01100001
01110100 01110010 01101001 01111000 00100000
01010111 01101001 01101100 01101100 01101011
01101111 01101101 01101101 01100101 01101110
00100000 01101001 01101110 00100000 01100100
01100101 01110010 00100000 01101101 01100001
01110100 01110010 01101001 01111000 00100000
01010111 01101001 01101100 01101100 01101011
01101111 01101101 01101101 01100101 01101110
00100000 01101001 01101110 00100000 01100100
01100101 01110010 00100000 01101101 01100001
01110100 01110010 01101001 01111000 00100000
01010111 01101001 01101100 01101100 01101011
01101111 01101101 01101101 01100101 01101110
00100000 01101001 01101110 00100000 01100100
01100101 01110010 00100000 01101101 01100001
01110100 01110010 01101001 01111000 00100000

Die Datenwelt ist eine Theorie, welche die Behauptung aufstellt, dass unser gesamtes Universum im Grunde wie eine gigantische Computersimulation konstruiert ist, und daher wohl auch am ehesten mit einer digitalen Simulation verglichen werden kann.

Sicherlich werden Sie sich zunächst etwas schwer damit tun, diese Theorie wirklich ernst zu nehmen, doch wir werden uns nun Stück für Stück die Indizien anschauen, welche das Fundament dieser Theorie bilden.

Am Ende liegt es an Ihnen, wie weit Sie diese Denkweise nachvollziehen und für sich selbst vertreten können.

Haben Sie sich selbst jemals die Frage gestellt, was wohl aus den Objekten der Welt wird, wenn kein Lebewesen da ist, welche diese wahrnimmt?

Für jemanden, der nicht aus dem Bereich der Philosophie stammt, mag dies zwar zunächst etwas seltsam oder befremdlich klingen, doch ist genau diese Frage auch ein wichtiger Bestandteil der heutigen Quantenphysik, welche uns das moderne Computerzeitalter überhaupt erst ermöglicht hat.

Zur Klärung dieser Frage spalten wir die Welt zunächst in Subjekt (das was wahrnimmt) und Objekt (das was wahrgenommen wird) auf.

Aus der Beziehung zwischen Subjekt und Objekt lässt sich nun wiederum eine Gesetzmäßigkeit ableiten, welche besagt, dass die Welt, die wir tagtäglich erfahren, ohne ein erkennendes Lebewesen, welche diese Welt wahrnimmt, überhaupt nicht in der für uns bekannten Form bestehen kann.

Bei Ihnen als Mensch, geschieht dies über Ihre fünf unterschiedlichen „Sinnesorgane".

1.
„sehen mit den Augen"
2.
„hören mit den Ohren"
3.
„riechen mit der Nase"
4.
„schmecken mit der Zunge und der Nase"

5.
„fühlen mit der Haut"

Jedes dieser einzigartigen Sinnesorgane, dient mit dazu bei die Informationen / Daten der "Außenwelt" in Form von elektrischen Impulsen weiter an Ihr Gehirn zu transferieren.

Wenn Sie sich jetzt zum Beispiel einmal in Ihrer Umgebung etwas genauer umschauen, werden Ihnen sicherlich zahlreiche Objekte ins Auge stechen, welche Sie nur deshalb überhaupt bildlich wahrnehmen können, weil zuvor das Licht von diesen Objekten zurück in Ihre Richtung reflektiert wurde.

Prallt ein Lichtstrahl auf ein Objekt, speichert dieser die Informationen des jeweiligen Gegenstandes.

Gelangt besagter Lichtstrahl nun aufgrund der Reflexion wieder zurück in Ihre Augen, werden die in dem Lichtstrahl enthaltenen Informationen, an Ihr Gehirn weitergeleitet, wo die eingetroffenen Informationen der Außenwelt schließlich verarbeitet und interpretiert werden.

Die Darstellung der Welt in der Sie sich befinden, existiert daher im Grunde nur in Ihrem Kopf (Gehirn), der Ort, wo die für uns bekannte und gewohnte Wirklichkeit überhaupt erst zu entstehen beginnt!

Entscheidend hierbei ist die Erkenntnis, dass die Informationen der Außenwelt, aufgrund der variablen Konstruktionen und Verknüpfungen der verschiedenen Sinnesorgane, mit den unterschiedlichen Gehirnen der einzelnen Individuen, die Darstellung der jeweiligen Umwelt bei jedem Lebewesen ganz individuell und einzigartig dargestellt wird.

Dies bedeutet, dass wir als Homo sapiens zwar im Großen und Ganzen alle eine zumindest recht ähnliche Version der Welt erfahren, doch ist eben diese Welt zu keinem Zeitpunkt „die Welt", da man niemals von einer einheitlichen Variation der Welt ausgehen kann.

Auf unserem Planeten existieren schätzungsweise 8 Millionen unterschiedliche Tierarten, von denen jedes dieser Lebewesen mit vollkommen anderen und einzigartigen Sinnesorganen ausgestattet ist.

Auch wenn sie unsrigen oftmals sehr ähnlich sind, so bleiben sie dennoch individuell und übertragen daher die Informationen der Welt, jeweils auf eine einzigartige Weise an das Gehirn des jeweiligen Lebewesens weiter.

Auch die Gehirne der unterschiedlichen Lebensformen auf unserem Planeten sind keinesfalls identisch, sondern für jede Spezies ein Unikat, was bedeutet, dass jedes Lebewesen seine eigene, ganz persönliche "Vorstellung" von einer Welt erfährt.

Wie dem jeweiligen Lebewesen diese Welt erscheint, hängt ganz von dem Zusammenspiel und der Funktionsweise der Sinnesorgane, sowie dem Gehirn ab.

Die Welt, welche Sie tagtäglich erfahren, ist also nicht die eine und einzige Darstellung der Welt, sondern allein Ihre ganz persönliche Vorstellung von einer Welt, und Sie erleben diese lediglich so, wie es Ihnen als Mensch aufgrund ihrer Konstruktion ermöglicht ist sie zu erleben.

Alle Eigenschaften, die Sie den Dingen der Welt zuschreiben, existieren nur für Sie als Mensch ganz individuell.

Farben, welche Sie z.B. wahrnehmen, können für andere Lebewesen schon wieder ganz anders erscheinen.

In diesem Fall hängt es ganz davon ab, wie die Augen des jeweiligen Subjekts konstruiert sind und somit, wie diese die "Daten" der Außenwelt an das Gehirn weiterleiten.

Das Zusammenspiel der unterschiedlichsten Sinnesorgane, in Verbindung mit den unterschiedlichsten Gehirnen, erzeugt die unterschiedlichsten Vorstellungen von einer Welt, wobei jedoch keine von diesen die wirklich richtige ist!

Zu behaupten, die Welt könne also für sich selbst bestehen, ist daher ein großer Irrtum, da die Voraussetzung für diese, in dem Fall gar nicht gegeben wäre...

...„das Subjekt".

Ich muss folglich, aufgrund dieser Erkenntnisse davon ausgehen, dass die uns bekannte Welt in Wirklichkeit tatsächlich nur aus Daten bzw. Informationen besteht.

Diese Schlussfolgerung beziehe ich aus der Überlegung, dass die Welt unabhängig einer Wahrnehmung durch ein Lebewesen, im Grunde nur aus Daten bestehen kann.

Daten sind das einzige mir bekannte Element, was auch unabhängig einer Wahrnehmung durch ein Lebewesen weiterhin bestehen kann.

Zwar kommt es dann zu keiner Interpretation und somit Umwandlung, sowie Darstellung einer „Realität" innerhalb des jeweiligen Lebewesens, welches diese Daten wahrnimmt.

Dennoch sind diese weiterhin existent und zwar in Form eines gewissen „Potentials".

Dieses Potential bleibt solange bestehen, bis ein Lebewesen auftaucht, welches das Potential auf irgendeiner Art und Weise ausschöpfen kann.

Ab dem Moment wird aus diesem Potential eine mögliche Version der vermeintlichen Realität generiert, deren Darstellung und somit Wahrnehmung davon abhängt, wie das jeweilige Lebewesen konstruiert ist.

Bei modernen Videospielen, wie z.B. ***World of Warcraft, Grand Theft Auto V, The Witcher 3 oder The Elder Scrolls V: Skyrim***, steuern Sie Ihre jeweilige Spielfigur durch eine enorm große und real wirkende digitale Spielwelt, welche allerdings ihrerseits ebenfalls nur aus Daten besteht. Von uns Spielern wahrgenommen, jedoch wie eine echte Welt erscheint.

Genau wie in unserer Welt, bekommt auch die digitale Spielwelt eines jeden Videospiels, ihre gewohnte Darstellung erst in dem Moment, wo ein Spieler die Daten dieser digitalen Welt wahrnimmt.

Bei dem Spiel World of Warcraft gehört es unter anderem zu Ihren Aufgaben, wilde Tiere oder Monster zu erlegen.

Nehmen wir nun einmal an, Sie gehen mit Ihrer digitalen Spielfigur durch ein Waldgebiet, welches von wilden aggressiven Bären bewohnt wird.

Alles was sich rechts, links oder hinter Ihrer Spielfigur befindet, ist für Sie als Spieler in diesem Moment nicht einsehbar, weil Sie die Daten dieser Bereiche nicht einsehen bzw. wahrnehmen können.

Läuft z.B. rechts neben Ihrer Spielfigur ein Bär oder sonstiges entlang, findet dessen digitale Darstellung erst in dem Moment statt, wo Sie Ihre Spielfigur (Kamera) nach rechts drehen, doch existierte dieser Bär auch bereits vorher schon, lediglich ohne bildliche Darstellung, dafür aber als Ansammlung von Informationen.

Genau nach diesem Schema läuft nun auch unsere Darstellung der Welt ab. Schauen wir geradeaus, sind die in diesem Moment nicht einsehbaren Bereiche, für mich als Subjekt Mensch nicht existent, da es zu keiner bildlichen Darstellung innerhalb des Verstandes kommt.

Das die Matrix schließlich immer nur dort dargestellt werden muss und wird, wo sie gerade von eine Lebewesen wahrgenommen wird, in Kombination mit der Tatsache, das alle Lebewesen mehr oder weniger mit ihrem täglichen oder nächtlichen Schlaf beschäftigt sind, ist eine wirklich sehr effektive Möglichkeit um effizient Ressourcen einzusparen, welche auch so bereits schon enorme Ausmaße annehmen müssen.

Eventuell ahmen wir ja sogar unbewusst mit jeder von uns digital erstellten simulierten Welt, lediglich das digitale Muster nach, was wir bereits in unserer eigenen erfahrbaren Welt, mithilfe der Quantenphysik vorgefunden haben und langsam zu verstehen zu versuchen.

Als nächsten Beleg für meine Datenwelt Theorie müssen wir uns etwas genauer mit dem Licht und dessen Eigenschaften befassen.

Das Licht dient als Medium der Informationsübertragung, genau aus diesem Grund, muss es auch eine konstante Informationsübertragungsrate besitzen, damit Bildanomalien vermieden und die Darstellung der Welt flüssig gewährleistet werden kann.

Die Konstante der Lichtgeschwindigkeit beträgt 299.792.458 Meter pro Sekunde.

Dies entspricht 300.000 Kilometer pro Sekunde bzw. 1.079.252.848,8 km/h.

Stellen Sie sich bitte einmal einen defekten Fernseher vor, dessen Hertzzahl z.B. eigentlich 200Hz betragen sollte.

*Mit 200Hz (Hertz) ist die Bildwiederholungsrate des Gerätes gemeint. 200 Bilder pro Sekunde.

Würde der Fernseher aufgrund eines Defektes allerdings inkonstant zwischen 1Hz und 200Hz variieren, käme es zu Fehlern in der bildlichen Darstellung (Anomalien).

Wäre das Licht also nicht konstant, würde auch unsere Darstellung der Welt nicht flüssig verlaufen, da der Übertragungsfluss der Daten zu ungleichmäßig vonstattengehen würde.

Um diese Zusammenhänge wirklich zu verstehen, muss man definitiv begriffen haben, dass es das Licht selbst ist, welches die Daten der Welt transferiert.

Betrachten wir ein beliebiges Objekt, so können wir dieses überhaupt nur deshalb wahrnehmen, weil zuvor ein Lichtstrahl von dem Objekt abgeprallt und in unsere Richtung reflektiert wurde.

Genau diese Erkenntnis haben wir uns zu Nutze gemacht, um daraus Fotografie, sowie Videotechnologie zu entwickeln, welche überhaupt nur deshalb funktionieren, weil wir aufgrund der unterschiedlichsten Kameras eine Möglichkeit gefunden haben, die Funktionen des Auges mitsamt eines beliebigen Speichermediums (klassisch oder modern) nachzuahmen.

Eine Kamera ist lichtdicht, besitzt einen Sensor zur Aufzeichnung des Lichts (bzw. wird mit einem Film bestückt), hat eine Objektiv, um das Licht kontrolliert zum Sensor zu leiten, hat (meist) einen Verschluss und eine einstellbare Blendenöffnung, sowie eine Vorrichtung zum Einstellen der Bildschärfe, einen Sucher und/oder ein Display.

So konstruiert ist es einer Kamera genau wie dem Menschlichen Auge ermöglicht, das Licht und dessen enthaltene Informationen auf ein x-beliebiges Speichermedium zu übertragen.

Auch bei einem 3D Hologramm macht man sich dieses Wissen zu Nutze, indem man die Informationen des Objektes, welches man dreidimensionalen darstellen möchte, mit Hilfe eines Lasers auf eine fotografische Platte reflektiert, in der das Hologramm erzeugt werden soll.

Als nächstes Indiz für meine Datenwelt Theorie befassen wir uns mit der Frage, wohin sich das Universum überhaupt ausdehnt. Denn wie wir aufgrund der Daten wissen, wird dieses beständig größer und das mit stetig zunehmender Geschwindigkeit.

Aufgrund der Expansionsrate unseres Universums, lässt sich zurückverfolgen, das unser gesamtes Universum vor ca. 13,8 Milliarden Jahren auf nur einen einzigen winzigen Punkt konzentriert sein musste.

Raum, Zeit und Kausalität fingen jedoch erst in dem Moment des Urknalls an zu entstehen.

Wenn dies so ist, stellt sich jedoch natürlich die Frage, wohin sich das Universum dann ausgedehnt hat und dies auch heute immer noch tut.

Erstellt man nun zum Vergleich innerhalb einer Computersimulation eine Digitale Version einer Kugel, welche so programmiert wurde, das sie sich beständig im Sekundenintervall in ihrer Gesamtheit vergrößert, so hat man nach einem verhältnismäßig kurzen Zeitraum wohl eine digitale Kugel, welche größer als unser gesamtes Universum ist.

In diesem Fall wäre die Frage nach dem Raum, wohin sich die besagte Kugel ausdehnt, jedoch hinfällig, da sich alles nur innerhalb eines geschlossenen Computerprogramms abgespielt hat. Lediglich die Anzahl der darzustellenden Informationen würde sich verändern.

Auf diese Weise ist es uns sogar selbst bereits schon gelungen, kleinere Abschnitte unseres Universums digital als Simulation nachzuahmen.

Nach denselben Prinzipien werden nun auch Videospiele, wie das bereits zuvor schon einmal erwähnte World of Warcraft oder Grand Theft Auto produziert, deren für uns erfahrbare Welten wirklich enorme detaillierte Ausmaße erreicht haben, sich aber dennoch nur auf der Oberfläche eines Monitors bzw. Fernsehers abspielen.

Stellen wir uns diesbezüglich einmal vor, dass die Bewohner / Spielfiguren dieser digitalen Welt über besagte Nachdenken könnten, so würden diese sicherlich nicht sofort auf die Schlussfolgerung kommen, dass sie im Grunde nur innerhalb einer **Matrix** existieren.

Anfangs war das Universum so unvorstellbar heiß, dass es nur aus Energie bestand, doch abgesehen davon, dass bereits die Definition von Energie eine vorherige Auswertung von Daten erfordert, stellt sich darüber hinaus die Frage, woher diese Energie ihren Ursprung hat.

Denn wenn vor dem Urknall alles auf einen einzigen Punkt reinster Energie konzentriert war, woraus sich später alles vergangene, heutige und zukünftige gebildet hat, so muss ja laut rationaler Denkweise, dennoch eine ursprüngliche Quelle dieser Energie vorhanden gewesen sein.

Zudem kann sich bis zum heutigen Tag keiner so recht erklären, was der Auslöser des Urknalls und somit die Ausdehnung dieser Energiekonzentration verursacht hat.

Genau hieraus bezieht meine Datenwelt Theorie wieder selbstbewusst ihre Schlüsse:

Würde heutzutage ein Programmierer eine Simulation eines Universums erstellen können, welches nach denselben Prinzipien fungiert wie unseres, so wäre selbiger auch gleichzeitig der Auslöser des simulierten Urknalls, indem er sozusagen den Startknopf der digitalen Simulation betätigt.

Zuvor aber, wäre er auch die Quelle, der vor dem Urknall vorhanden Energiekonzentration (Datenansammlung).

Da er entweder den source code (Quellcode) des Programms so geschrieben hat, dass sich das simulierte Universum nach einem festgelegten Plan zu entwickeln hat, oder aber er hat das Programm wahlweise so gestaltet, dass es sich selbständig autonom ohne ein weiteres eingreifen von außen weiterentwickeln kann.

Egal wie er sich letztendlich entschieden hätte, für die innerhalb der Simulation befindlichen Lebewesen würde es so erscheinen, als wären sowohl der

Auslöser des Urknalls, sowie die Quelle der zuvor herrschenden Energiekonzentration, „mystischen" Ursprungs, da diese digitalen Einheiten sozusagen nicht über den Tellerrand ihrer eigenen Simulation hinausschauen könnten, ganz egal, wie stark ihre Teleskope und Messinstrumente auch sind.

Zudem sähen sie sich unbewusst mit der Misere konfrontiert, dass die Daten der simulierten Welt für sie wie unsichtbar sind, da diese stets nur deren Auswertung und Interpretation erfahren können, aber niemals die Daten an und für sich.

Egal wie tief sie auch in die Materie eindringen könnten, zum Schluss wäre es immer noch eine reine Interpretation von Informationen, selbst dann, wenn es nur eine einzige Datei wäre.

In den Standard-Wissenschaften ist immer davon die Rede, dass die Materie aus der wir selbst und unsere Umgebung angeblich bestehen, eine Ansammlung von Molekülen ist.

(Ein Molekül ist ein Verbund aus mindestens zwei Atomen.)

Doch wie wir zuvor bereits erläutert haben, erfordert selbst die Darstellung und Definition von Atomen und Molekülen, eine vorherige Auswertung und Interpretation von Daten.

Egal wie tief wir in die angebliche Materie eindringen, dieser Umstand bleibt erhalten.

Unsere Interpretation von den Daten eines Atoms sieht folgendermaßen aus:

Ein Atom besteht aus einem „Kern" und einer „Hülle".

Soweit so gut, doch verblüffend ist hierbei, dass der Raum, welcher zwischen dem Kern und der Hülle des Atoms besteht, mit keiner Masse ausgefüllt ist.

„Denn 99,9% der Masse eines Atoms befindet sich im Atomkern und dieser ist wiederum winzig klein."

Damit dieser Umstand etwas klarer erscheint, müssen Sie sich bitte einmal ein Reiskorn vorstellen, welches sich auf dem Anstoßpunkt eines Fußballstadions befindet.

Das Reiskorn soll hierbei den Atomkern symbolisieren und somit auch den Masseanteil von 99,9%.

Alles, was sich nun um das besagte Reiskorn herum befindet, ist der „masselose Raum", welcher zwischen Atomkern und Atomhülle herrscht.

Dies ist wirklich eine beachtliche Menge an Leere!

Warum aber spüren wir dann einen Widerstand, wenn wir z.B. auf einen Tisch hauen oder unseren eigenen Körper berühren?

Versetzen wir uns zur Klärung dieses Problems erneut in die Situation einer digitalen Spielfigur, vergleichbar mit den Helden unserer Computer, sowie Videospiele, so fängt auch dieser zunächst etwas verwirrende Aspekt an Sinn zu ergeben, da diese Spielfiguren sich in ihrer jeweiligen Simulation auch mit verschiedensten Widerständen konfrontiert sehen, obwohl deren digitale Welt aus keiner tatsächlichen festen Substanz besteht.

Läuft die Spielfigur jedoch z.B. gegen eine Wand oder eine verschlossene Tür, so wird er diese nicht durchdringen können, obwohl sie ja im Grunde nur aus Daten besteht, welche dem Spieler jedoch das Gefühl eines Widerstandes vermitteln.

Das gleiche Prinzip wird nun auch auf unsere angebliche Materie angewandt, da der leere Raum, wie zuvor bereits schon einmal thematisiert, eigentlich der überragende Hauptanteil eines Atoms darstellt.

Wollen Sie z.B. etwas überspitzt formuliert, eine 300 kg Hantelscheibe hochheben, so besteht auch diese ausschließlich aus Atomen und somit aus leerem Raum.

Übertragen auf die Datenwelt Theorie kann man dies jedoch wie folgt erklären:

Geben wir einer digitalen Spielfigur z.B. den Auftrag, zunächst Gegenstand A und dann Gegenstand B hochzuheben, und wollen aber, dass ihr dies bei Gegenstand B nicht gelingt, so müssen wir dies im Grunde lediglich so programmieren.

Für besagte Testperson, würde es jedoch so erscheinen, als wäre Gegenstand B schwerer als

Gegenstand A, obwohl beide Gegenstände aufgrund der Tatsache, da sie ja lediglich digital sind, überhaupt kein Gewicht besitzen.

Dies wüsste die Testperson allerdings nicht und würde somit auf diese Täuschung hereinfallen.

Der nächste Punkt für den Beleg meiner Datenwelt Theorie beruht auf der Analyse, das der Mensch zwar tun kann was er will, aber nicht entscheiden kann was er will.

Dies zu verstehen und zu verinnerlichen, ist wahrlich keine einfache Aufgabe und bedarf großer Konzentration. Lässt man sich aber darauf ein, wird man nach einer gewissen Zeit bemerken, dass jegliche Form von Handlung im Grunde mit einem Programmablauf zu vergleichen ist.

Eine Spinne z.B. muss genau so wenig lernen ihr Netz zu spinnen, wie ein Vogel, welcher zum ersten Mal sein Nest konstruiert.

Anhand dieser beider Tiere lässt sich sehr schön erkennen, dass sie einer anscheinend bereits zuvor schon abgespeicherten Programmierung folgen.

Die Spinne konstruiert ihr Netz; wartet auf Beute, repariert, pflegt und erneuert ihr Netz, um schließlich wieder aufs Neue auf ihre Beute zu lauern.

Ein zwar sehr simpler, aber dennoch effektiver endloser Kreislauf, welcher bis zu ihrem Tod ihr Dasein bestimmen wird.

Mich persönlich erinnert dies stets an ein kleines nett geschriebenes Programm, welches allerdings sehr eingeschränkt ist, was die eigene Möglichkeit der Weiterentwicklung, sowie der Abweichung vorprogrammierter Normen betrifft.

Dringt man dann noch tiefer in dessen Abläufe hinein, so bemerkt man mit etwas Glück auch noch, dass es sich mit Gedanken und Gefühlen ebenso verhält.

Denn solange es zweier Komponenten bedarf, Gehirn sowie Bewusstsein, wird eines davon beständig aktiver und das andere stets passiver Natur sein.

Während das eine stets „erlebt", und somit ausschließlich „passiv" fungiert, sorgt das andere wiederum dafür, dass es auch beständig etwas Neues zum Erleben gibt.

Denn wie der Begriff „Bewusstsein", also „bewusst" und „sein" eventuell auch bereits schon vermuten lassen könnte, wird sich dieses nämlich ausschließlich den Dingen bewusst und ist somit stets „passiver Natur".

Das Gehirn wiederum, welches schaltet, verwaltet und erzeugt, ist folglich die „aktive Komponente" dieser Dualität.

Doch auch, wenn beide Komponenten durch eine Art „Symbiose" miteinander „verschränkt" zu sein scheinen **(Sender /Empfänger)**, bleibt dennoch jeder Schuster bei seinen eigenen Leisten.

Was bedeuten soll, das Gehirn leistet die Arbeit und das Bewusstsein hat das Vergnügen, oder aber auch eben nicht, je nachdem wie unterhaltsam das aktuelle Programm namens Leben gerade zu sein scheint.

„Der Mensch kann somit stets tun was er will, aber er kann niemals bewusst und kontrolliert entscheiden, was er denn nun überhaupt will!"

Das Bewusstsein erlebt beständig Gedanken, Gefühle, sowie Handlungen, und eben genau dadurch, dass es diese „erlebt", entsteht eine „Identifizierung" des Erlebten.

Genau in diesem Moment beginnt diese geniale Täuschung, damit ihren bahnbrechenden Effekt voll zu entfalten.

Weil das Bewusstsein beständig mit Gedanken, Handlungen und Gefühlen überflutet wird, entsteht eine fast konstant durchgehende Identifizierung, und somit auch eine permanente Anhaftung an das Erlebte.

Leben bedeutet anscheinend lediglich ein Leben zu „erleben"!

Solange das Bewusstsein durch eine Art Symbiose mit dem Hirn des Menschen verknüpft ist, wird dieses all das erleben können, was dessen **hoste/Wirtskörper** erfährt.

Das Bewusstsein erlebt somit ein gesamtes Leben, mitsamt den gesamten dazugehörigen Erfahrungen, welche damit verbunden sind. „Jedoch ohne dabei selbst jemals etwas aktiv geleistet zu haben."

Diese permanente Stimme in ihrem Kopf, für welche sie selbst sich halten, jeder einzelne Gedanke, jedes Gespräch oder Selbstgespräch, jede Handlung und alle Gefühle, welche sie bis zum heutigen Tage erfahren haben, und mit ihnen selbst und ihrem „ich" aufgrund der Identifizierung in Zusammenhang gebracht haben, wurden von ihnen in Wirklichkeit lediglich aus der Beobachterperspektive des Bewusstseins erlebt, und somit lediglich erfahren.

Die entscheidende Frage welche mich in diesem Zusammenhang am meisten interessiert ist, ob man bei einer digitalen 1:1 Kopie eines Menschen oder zumindest eines menschlichen Gehirnes, auch automatisch eine digitale Kopie des Bewusstseins miterstellt hat, oder ob man dieses digitale Hirn vielmehr mit einem echten Bewusstsein von außen verknüpfen müsste.

Ich persönlich bin nämlich nicht davon überzeugt, dass automatisch auch ein digitales Bewusstsein entstehen würde, nur weil man eine digitale 1:1 Kopie eines menschlichen Gehirnes erschaffen hat. Dies würde nämlich nahelegen, dass der Entstehungsort des Bewusstseins doch im Gehirn stattfindet, was ich persönlich für unwahrscheinlich halte.

Um Ihnen dies alles etwas besser zu verdeutlichen, werden wir uns als nächstes ein paar alltägliche Beispiele und Situationen anschauen:

Sie befinden sich hungrig in einer fremden Stadt und sind, auf der Suche nach einem MC Donald oder dergleichen. Der Akku Ihres Handys ist allerdings leer.

Damit die Suche ein wenig schneller von statten geht, kommt Ihnen der Gedanke in den Sinn, dass Sie ja einen Passanten fragen könnten in der Hoffnung, dass dieser von dort kommt und sich daher auch dementsprechend in der Umgebung auskennen müsste.

Hierbei ist bereits zu beachten, dass der Gedanke einen Passanten nach dem Weg zu fragen, nicht bewusst und gewollt von Ihnen selbst erzeugt wurde, sondern durch die Situation ganz einfach ausgelöst wurde. In diesem Fall, aufgrund der Erfahrung, dass andere Menschen einem helfen können.

Besonders wenn man sich selbst in einer fremden ungewohnten Umgebung befindet.

Als nächstes beginnen Sie in Ihrer Umgebung nach einer geeigneten Person zu suchen.

Auf welche Person Ihre angebliche freie Wahl fällt, bestimmen aber auch nicht Sie selbst, sondern der Prozess der Auswahl wird wieder von Ihren bisherigen Erfahrungen und/oder Vorurteilen gesteuert.

Zunächst entdecken Sie ein paar ausländische Jugendliche, deren Anblick bei Ihnen allerdings Unbehagen verursacht. Gefolgt von dem Gedanken, dass sie ja sowieso bestimmt die deutsche Sprache nicht gut sprechen können und sich bestimmt einen Spaß (Streich) mit Ihnen erlauben würden.

Hier passt wieder sehr schön die Aussage: „Impulse von außen, erzeugen Impulse von innen und Impulse von innen, projizieren Impulse nach außen."

Sie haben in diesem Moment weder das Gefühl des Unbehagens bewusst hervorgerufen, noch konnten Sie Einfluss darauf nehmen, dass mit dieser Situation verknüpft der Gedanke aufkam, dass die besagten Jugendlichen ja sowieso kein richtiges Deutsch können und Sie am Ende doch nur reinlegen.

Als nächstes sehen Sie einen Briefträger welchen Sie mit der Assoziation verbinden, dass sich dieser ja auf jeden Fall in der Umgebung auskennen müsste.

Diese Assoziation beruht auf der Denkweise / Erfahrung, dass ein Briefträger sich deshalb auskennen muss weil es zu seinem Job gehört die Gegend zu kennen. Auch dies geschieht wieder vollkommen automatisch aufgrund der damit verbundenen Erfahrung.

Als Sie diesen nach dem Weg fragen, kommt in Ihnen das Gefühl der Erleichterung auf weil er Ihnen tatsächlich den Weg erklären kann.

Er meint es gäbe zwei Möglichkeiten, einen etwas längeren Fußweg welcher dafür aber durch einen wunderschönen Park führt oder aber einen kürzeren, dafür aber nicht ganz so schönen Weg. Dadurch, dass Sie aber fast schon vor Hunger umkommen, entscheiden Sie sich für die kürzere Variante.

Der kürzere Weg ist hierbei ein Impuls welcher sich aufgrund Ihres großen Hungers durchsetzt. Das Gefühl der Erleichterung kam wiederum automatisch, mit der Gewissheit nun kurz vor Ihrem Ziel zu sein.

Nach einer gewissen Zeit bemerken Sie, dass Sie sich die Wegbeschreibung wohl doch nicht so ganz genau gemerkt haben und müssen nun entscheiden, ob Sie nach links oder nach rechts weitergehen wollen.

Sie entscheiden sich für rechts.

Nach rechts zu gehen, ist hierbei wiederum nur ein weiterer Impuls dessen Durchsetzung nach einer gewissen Abwägung eintrat. Doch geschah auch dies wieder ohne Ihre bewusste Kontrolle. Durch Umstände welche für Sie in diesem Moment nicht einsehbar waren, hatte sich der Impuls nach rechts zu gehen durchgesetzt.

Zum Glück war Rechts der richtige Weg, doch nun endlich am Ziel angekommen bemerken Sie, dass der hiesige McDonald aufgrund von Renovierungsarbeiten, für ein paar Tage geschlossen ist und ein Gefühl von Wut und Unzufriedenheit steigt in Ihnen auf.

Beide dieser negativen Gefühle wurden nicht von Ihnen bewusst erzeugt, sondern sind eine logische Konsequenz der Umstände.

Natürlich sind dies alles nur Beispiele gewesen und es ist schwer für jeden sofort eindeutig zu beschreiben, was ich damit zu erklären versuche. Doch ist zudem auch ein gewisses Talent und enorme Achtsamkeit über die Prozesse des eigenen Körpers von Nöten, um die Illusion des angeblich freien Willens vollkommen zu durchschauen.

Was ich im Grunde damit auf den Punkt bringen wollte, ist das wir alle von Prozessen welche im Hintergrund laufen beherrscht werden. So als würden wir lediglich erleben, was ein Programm im Hintergrund bereits berechnet hat.

Wahrnehmen tun wir diese Prozesse dann in Form von Handlungen, Gefühlen sowie Gedanken.

Unser eigener Körper, ist im Grunde nichts weiter als ein Objekt unter Objekten doch ist er das einzige Objekt zudem wir einen "unmittelbaren Zugang" haben, nämlich eine Art "Innenperspektive".

Zwar unterliegt der eigene Körper zumindest was die äußerliche Darstellung betrifft auch der Gesetzmäßigkeit von Subjekt und Objekt, was bedeutet, dass wir auch diesen nur so wahrnehmen können, wie es für uns als Mensch möglich ist ihn wahrzunehmen.

Doch gleichzeitig sind wir auch das Subjekt und somit das, was erkennt und wahrnimmt!

Als letztes Indiz für eine Datenwelt, bevor wir zur klareren Ausformulierung dieser Theorie auf unser Universum bezogen zu sprechen kommen, möchte ich Sie auf gleich mehrere so genannter „Virtual-

Reality-Brillen" aufmerksam machen, welche bereits für Lob und Anerkennung gesorgt haben.

Playstation VR, Oculus Rift und HTC Vive sind die wohl bis jetzt am weitesten entwickelten Versionen dieser Virtual-Reality-Brillen und waren schon eine kleine Sensation im Bereich der Videospiel und Unterhaltungsindustrie.

Sie ermöglichen ein komplett neues und einzigartiges Spielerlebnis, indem sie den Spieler auf einer vollkommenen, bis dato nie dagewesenen Art und Weise, in das jeweilige Spiel oder den jeweiligen Film hineinversetzen.

Der Käufer soll sich buchstäblich so fühlen, als würde er sich tatsächlich innerhalb der spezifischen Spielwelt / Film befinden.

Umgesetzt wird dieses Unterfangen dadurch, indem sich unmittelbar vor den beiden Augen des Spielers jeweils ein möglichst hochauflösender Bildschirm befindet.

Zusätzlich angebrachte Lautsprecher an der Virtual-Reality-Brille, sorgen zudem für eine ausgefallene akustische Komponente, um das Spielerlebnis schließlich vollkommen zu optimieren.

Auf diese Weise wird tatsächlich eine verblüffende Illusion erzeugt welche aufgrund der bildlichen Darstellung in verhältnismäßig guter Auflösung, in der Tat eine kleine Revolution innerhalb des Unterhaltungsbereichs hervorrufen konnte.

Stellen Sie sich jetzt darauf bezogen bitte einmal vor, was für Technologien dieser Art wohl in den nächsten **25, 50, 100** oder gar **1000** Jahren noch entstehen könnten.

Hinzu kommt noch die Gewissheit, dass mir wirklich überhaupt niemand zu **100%** beweisen kann, dass wir uns in diesem Moment nicht schon bereits innerhalb dieses angeblich zukünftigen Fortschritts befinden.

Es ist nämlich sehr gut möglich, dass wir uns bereits jetzt schon in solch einer vermeintlich zukünftigen Version einer digitalen Welt befinden!

Die Indizien deuten schließlich sehr stark darauf hin!

Das Besondere an uns Menschen ist, dass wir innerhalb unserer eigenen digitalen Simulation so etwas wie Administratoren oder zumindest Game Master darstellen. Unsere Fähigkeiten allerdings arg begrenzt sind und somit natürlich nicht mal ansatzweise mit den Möglichkeiten eines sich außerhalb der Situation befindlichen Programmierers mithalten können.

Dennoch haben wir, wie kein zweites Lebewesen auf diesem Planeten die Möglichkeit, die Daten um uns herum zu manipulieren, nach unseren Wünschen umzugestalten und für unsere Zwecke zu missbrauchen.

Dadurch, dass wir aber Allesamt nur Abspaltungen bzw. Teilprogramme des eigentlichen Hauptprogramms darstellen, müssen wir davon ausgehen, dass dieses Programm uns den Takt vorgibt und uns quasi als Verkörperung und Werkzeug benutzt, um innerhalb der Datenwelt noch spezifischer agieren zu können.

Denn nur durch die Manifestation in erkennende interagierende digitale Lebensformen, kann sich das Programm im gesamten Spektrum selbst besser analysieren sowie studieren und sich somit beständig immer schneller weiterentwickeln.

Daten verarbeiten Daten!

Und genau darum geht es in diesem Zusammenhang:

Alle Sinnesorgane sind allein dafür da, um eine Interaktion mit den Daten ihrer "Umgebung" zu gewährleisten. Mit jeder noch so kleinen Interaktion gelangen nämlich wieder neue, für das Programm wichtige Informationen, Erfahrungen und somit auch Datensätze hinein in das digitale Datennetz des Systems.

Diese Möglichkeit der Aufnahme und Verarbeitung von Informationen und Daten könnte auch die entscheidende Ursache dafür sein, weshalb unser Universum bzw. unser simuliertes Universum immer schneller expandiert.

Jetzt bleibt eigentlich nur noch die Frage nach dem Sinn ihrer Existenz und deren Ursprung zu klären.

Gleich eins vorweg, ich werde Ihnen keine 100% Antwort auf diese beiden letzten Fragen geben können, sondern Ihnen lediglich verschiedene

Theorien präsentieren welche zumindest für mich, logisch und plausibel genug erscheinen, um sie nieder zu schreiben. Ich hoffe, dass Sie mir diesen Umstand verzeihen mögen, da es für mich unmöglich ist, Ihnen nur eine einzige Antwort darauf zu geben.

Die erste Theorie beruht auf dem Gedanken, dass wenn auch nur eine Spezies erstmals einen technischen Stand erreicht hat, wo sie solch eine komplexe digitale Simulation wie unsere Welt erschaffen könnten, die Wahrscheinlichkeit recht groß ist, dass wir uns schon längst in solch einer Simulation befinden.

Als Vergleich können wir wieder auf unsere eigenen Videospiele hinweisen.

Ab dem Moment, wo wir die technischen Mittel hatten solche zu erschaffen, taten wir es auch und das gleich in enormen Mengen, genau so wäre es wohl auch bei dieser sehr hoch entwickelten Spezies der Fall.

Sie würden sich wahrscheinlich nicht nur auf eine einzige Simulation konzentrieren sondern gleich mehrere erschaffen, um diese für alle möglichen Zwecke zu gebrauchen.

Doch was für Zwecke wären das?

Sie könnten z.B. ähnliche Ziele verfolgen wie wir es auch schon gemacht haben, indem wir kleine Bereiche unseres Universums simuliert haben, um aus diesen simulierten Prozessen wissenschaftliche Schlüsse über unsere Welt zu erzielen.

Vielleicht taten sie es aus genau denselben Gründen, nur auf einer viel komplexeren und fortschrittlicheren Ebene, so dass sie nicht darauf begrenzt sind nur einzelne kleine Bereiche zu simulieren, sondern gleich ein ganzes Universum, mit allem was dazu gehört, einschließlich uns.

Abgesehen von der wissenschaftlichen Neugierde, ist es auch gut möglich, dass sie es aus Unterhaltungsgründen taten, so wie wir aus diesem Grund Videospiele, wie ***World of Warcraft, Die Siedler, Grand Theft Auto, Die Sims, SimCity oder Anno*** erschaffen haben.

Vielleicht macht es ihnen einfach auch Spaß zu beobachten, wie sich die jeweilige Simulation weiterentwickelt und was für Dinge selbige hervorbringt.

Simulierte Wesen wie wir Menschen, könnten doch recht unterhaltsam sein, so als würde man Fische in einem Aquarium beobachten.

Wenn dem so ist, könnte es aber auch sehr gut sein, dass wir einfach eine von vielen Simulationen sind und daher vergessen wurden.

Vielleicht ist ihre Zivilisation aber auch schon längst ausgestorben oder weiter gezogen und wir sind lediglich ein Überbleibsel dieser Spezies.

Die nächste Theorie geht davon aus, dass wir uns in Wirklichkeit schon längst in der Zukunft befinden und es daher doch der Mensch selber war, der diese Datenwelt erschaffen hat.

Unsterblichkeit war schon immer ein Traum der Menschheit, vielleicht haben wir es geschafft mit Hilfe dieser Simulation zumindest unsere Zeit etwas künstlich zu verlängern, indem wir uns in diese hineinversetzen lassen. Um auf diesem Weg ein ganzes Leben zu erleben, obwohl in der Welt außerhalb dieser nur ein paar Stunden, Tage, Wochen oder Jahre vergangen sind.

Wäre dies tatsächlich der Fall, könnten aber auch alle zuvor erwähnten Gründe der höheren Spezies ebenso auf die Menschheit, aus der für uns definierten Zukunft zutreffen.

Somit wären wir vielleicht ebenso nur ein digitales Experiment dieser.

Angelehnt an diese Theorie könnte es wiederum auch sehr gut möglich sein, dass diese Menschheit aus der Zukunft diese Simulation als eine Art „Lernprogramm" benutzt, wo sich jeder von uns zunächst einmal beweisen muss, um dann außerhalb der Simulation ein tatsächliches Leben führen zu dürfen.

Auf diese Weise würden nur diejenigen, welche es wahrhaftig verdient hätten in der Lage sein, nach erfolgreicher Beendigung dieser Lernphase, das Programm zu verlassen um dann in der Gemeinschaft der Auserwählten leben zu dürfen.

Somit würde ermöglicht, eine friedvolle Welt zu erschaffen und das Schlechte am Menschen, in einem „Verließ" (Simulation) gefangen zu halten bis es sich selbst in einem natürlichen Lernprozess umgewandelt hat.

Das Entscheidendste hierbei wäre, dass diese Umwandlung vollkommen ungezwungen und natürlich erfolgen müsste. Was bedeutet, dass wir nichts davon wissen dürften, dass wir uns innerhalb einer Prüfung befinden.

Ziel des Ganzen könnte am Ende sein, innerhalb der Lernsimulation ein guter Mensch zu werden welcher ein Gemeinschaftsdenken entwickelt und die eigenen Triebe und Gelüste zu kontrollieren lernt.

Durch diesen Prozess der Auslese, trennt man die Spreu vom Weizen. Was im Klartext bedeutet, dass Sie solange immer und immer wieder dieses Programm wiederholen müssen, bis Sie an dem Punkt angelangt sind, wo man Sie als würdig genug einstuft, um an dem tatsächlichen Leben teilzunehmen.

Wenn ich mir unsere heutige massiv materiell eingestellte Konsumgesellschaft vor Augen halte, würde es mich auch nicht sonderlich wundern, wenn unsere Simulation wenn sie denn eine ist, ihre Daseinsberechtigung zumindest im Bereich der Konsum sowie Verhaltensforschung bereits fest etablieren konnte.

Meine ganz persönliche Meinung lautet wiederum,...

...dass wir in einer digitalen Simulation leben welche nicht restlos vorherbestimmt ist.

Sie wurde daher nicht nach einem bestimmten Plan entworfen, nach dem alles abzulaufen hat.

Gehen wir nun davon aus, dass es wirklich so etwas wie ein Programmierer war der diese Welt erschaffen hat, so hat er auf diesem Weg eine wirklich geniale Idee umgesetzt, da er seinem Werk somit nicht aufzwingt wie es zu funktionieren hat.

Ganz im Gegenteil, denn er erschuf ein Programm welches selbstständig kreativ sein kann was die eigene Weiterentwicklung betrifft.

Warum er dies so wollte, kann ich Ihnen allerdings nicht sagen. Ich denke aber, dass es sein Wunsch war, sich selbst überraschen zu lassen was daraus wohl entstehen würde und welche Lebewesen sich nach und nach entwickeln könnten.

Er erschuf quasi nur die Grundbedingungen (source code/Quellcode) für eine Digitale Welt, damit diese sich dann letztendlich selbstständig hervorbringen kann. Diese gewollte kreative Komponente zeigt sich uns z.B. in Form der Evolution welche sozusagen die Ausdrucksform dieser Freiheit wiederspiegelt.

Er zeigt uns damit unbewusst; dass er eine Simulation wollte welche sich vollkommen autonom erschafft.

Er hatte also daher so wie es scheint keinerlei Bedürfnisse, seine eigene Schöpfung zu kontrollieren!

„Zufall", spielt bei dieser Evolution eine entscheidende Rolle, aber nicht die Einzige, da abgesehen davon die „Notwendigkeit" noch vorhanden ist.

Treffen sich z.B. zwei Wasserstoffatome und ein Sauerstoffatom, entsteht zwangsläufig Wasser.

Sie sehen also, dass Zufall und Notwendigkeit eine unerschütterliche Einheit bilden, damit sich innerhalb der Datenwelt beständig immer mehr Komplexität bilden kann. Wie wir sehr gut an uns selbst und insbesondere an unseren Gehirnen erkennen können.

Dieses Programm würde somit alle Kriterien erfüllen, die wir ansonsten einem Gott zuschreiben. Selbst die komplexesten Strukturen und Auffälligkeiten welche sich die meisten eben nur durch einen planenden und schaffenden Schöpfer erklären können, könnten von diesem Programm problemlos autonom bewerkstelligt werden, da es diese selbst hervorbringt.

Gesellschaftliche Folgen der Theorie:

Sollte jemals vollkommen bewiesen werden können, dass wir uns tatsächlich in einer digital simulierten Welt befinden, so hätte diese Erkenntnis mit

Sicherheit ähnlich weitreichende Gesellschaftliche Folgen wie *die 3 Kränkungen der Menschheit.*

Freud nennt drei große Einschnitte, die der naive Narzissmus des menschlichen Bewusstseins durch den historischen Fortschritt wissenschaftlicher Erkenntnis erlitten habe:

1. **Die kosmologische Kränkung:** Die erste Erschütterung sei die mit dem Namen Kopernikus verknüpfte Entdeckung gewesen, dass die Erde nicht der Mittelpunkt des Weltalls ist (vgl. Kopernikanische Wende).

2. **Die biologische Kränkung:** Die zweite Kränkung lag in der Entdeckung, dass der Mensch aus der Tierreihe hervorgegangen ist (Charles Darwin und andere).

3. **Die psychologische Kränkung:** Die dritte Kränkung sei die von ihm entwickelte Libidotheorie des Unbewussten; ein beträchtlicher Teil des Seelenlebens entziehe sich der Kenntnis und der Herrschaft des bewussten Willens. Die

Psychoanalyse konfrontiere das Bewusstsein mit der peinlichen Einsicht, (...) daß das Ich nicht Herr sei in seinem eigenen Haus.

- *Wer hat unsere Simulation erschaffen?*
- *Warum hat man unsere Simulation erschaffen?*
- *Funktioniert die Simulation autonom?*
- *Verläuft sie nach einem bestimmten Plan? oder wird doch permanent von außen auf die Simulation eingegriffen und korrigiert?*
- *Sind wir allesamt lediglich vollkommen digitale Dateneinheiten oder haben wir ähnlich wie bei dem Film „Avatar - Aufbruch nach Pandora" aus dem Jahr 2009 jeweils unser eigenes Bewusstsein mit einer dieser digitalen Spielfiguren verknüpft?*
- *Wird durch die Simulation tatsächlich ein gesamtes vollständiges Universum simuliert oder gibt es außer uns und unserer Welt in der wir leben in Wirklichkeit überhaupt nichts anderes?*

Denn Ähnlich wie z.B. bei dem Film „*Die Truman Show*" mit *Jim Carrey* von *1998* könnte es doch auch sein, dass all die Dinge welche wir am Nachthimmel wahrnehmen und als Universum bezeichnen in Wirklichkeit doch nur ein gigantisches Dekorelement bzw. Blendwerk darstellt welches uns in die Irre führen und vom wesentlichen ablenken soll.

Wir könnten uns theoretisch ähnlich wie bei der „Truman Show" unter so etwas wie einem kuppelartigen Konstrukt befinden welches uns jeden Abend aufs Neue an seinem Firmament die Illusion weit entfernter Orte präsentiert (Hologramm Show), obwohl dort vielleicht in Wirklichkeit überhaupt nichts ist wohin man tatsächlich reisen könnte.

(Bei weitläufigen detaillierten Spielen wie Grand Theft Auto V ist selbst mit dem Flug-cheat irgendwann eine magische Grenze erreicht obwohl es vom Boden aus für den Spieler so aussah, als gäbe es dort oben ein ganzes Universum zu erreichen.)

Für alle Zweifler an der Mondlandung, wäre dies wohl ein gefundenes fressen!

Zumindest aber wüsste man, wenn dem wirklich so wäre, endlich was *„NASA und Konsorten"* seit Jahrzehnten zu verschleiern versuchen. Man muss nämlich kein *„Flacherdler"* sein um zu bemerken, dass dort einiges bewusst verdreht und verschleiert wird.

Die Fragen und Mysterien würden der Menschheit also folglich nicht ausgehen oder an Bedeutung verlieren sondern lediglich ihre längst überfällige, wohlverdiente Modernisierung für das *21. Jahrhundert* erhalten.

Wenn wir nun am Ende dieser Theorie angelangt wirklich einmal davon ausgehen, dass wir uns tatsächlich innerhalb einer künstlich geschaffenen digitalen Simulation befinden, so kann ich Ihnen garantieren, dass sich unsere Erschaffer in einer ähnlichen Misere befinden könnten da deren Welt wiederum auch nur eine weitere Simulation sein kann, da sie vermutlich ebenfalls auf denselben Prinzipen beruht.

Was bedeutet, dass auch diese oder dieses Wesen, seien es Menschen aus der Zukunft oder aber eine höhere Spezies aus dem All ebenfalls auf irgendeine erdenkliche Art und Weise mit ihrer Umgebung interagieren. Schließlich müssen diese ja auch so etwas wie Sinnesorgane besitzen, um mit den Daten ihrer Welt in Interaktion treten zu können.

Die Gesetzmäßigkeit zwischen Subjekt und Objekt besagt jedoch, dass kein Lebewesen die Welt so wahrnehmen kann, wie sie an sich ist, sondern nur so wie es ihm aufgrund seiner Konstruktion ermöglicht ist, diese wahrzunehmen."

Alle Eigenschaften die wir den Dingen zuschreiben, entstehen erst im Moment unserer Wahrnehmung, so wie sie für uns gewohnt sind. Jedes Lebewesen nimmt seine eigene ganz persönliche Vorstellung von der Welt war, je nachdem wie es die Daten der Außenwelt verarbeiten und interpretieren kann.

Unabhängig der Wahrnehmung eines Lebewesens kann die Welt nur aus Daten bestehen weil Daten das einzige Element sind welches auch ohne eine Wahrnehmung durch ein Subjekt bestehen kann.

Zwar kommt es dann zu keiner Umwandlung, in eine für uns gewohnte Wirklichkeit, doch bleiben die Daten dennoch in Form eines Potenzials weiterhin bestehen bis zu dem Moment, wo ein Lebewesen dieses Potential aufgrund seiner Konstruktion (Sinnesorgane, Gehirn) irgendwie ausschöpft.

Wie Sie sehen, ist es also wahrscheinlich möglich, dass unsere Simulation einer bereits schon zuvor existierenden Simulation entstanden ist.

Diesen Umstand könnten Sie jetzt quasi schier endlos zurückverfolgen.

Egal ob wir letztendlich eine Simulation in einer bereits zuvor schon existierenden Simulation sind, oder aber die erste Simulation dieser Art, so muss es unausweichlich einen aller ersten Ort oder Zustand geben haben wo diese erste Version kreiert und gestartet wurde.

„Am Ende sind wir gar ein längst vergessenes Schulprojekt eines Alien Kindes für welches es eine gut gemeinte 3- bekam."

01001101 11000011 10110110 01100111 01100101 00100000 01100100 01101001 01100101 00100000 01001101 01100001 01100011 01101000 01110100 00100000 01101101 01101001 01110100 00100000 01100100 01101001 01110010 00100000 01010011 01100101 01101001 01101110 01001101 11000011 10110110 01100111 01100101 00100000 01100100 01101001 01100101 00100000 01001101 01100001 01100011 01101000 01110100 00100000 01101101 01101001 01110100 00100000 01100100 01101001 01110010 00100000 01010011 01100101 01101001 01101110 01001101 11000011 10110110 01100111 01100101 00100000 01100100 01101001 01100101 00100000 01001101 01100001 01100011 01101000 01110100 00100000 01101101 01101001 01110100 00100000 01100100 01101001 01110010 00100000 01010011 01100101 01101001 01101110 01001101 11000011 10110110 01100111 01100101 00100000 01100100 01101001 01100101 00100000 01001101 01100001 01100011 01101000 01110100 00100000 01101101 01101001 01110100 00100000 01100100 01101001 01110010 00100000 01010011 01100101 01101001 01101110

SCHLUSSWORT

Zum Schluss dieses Buches und meiner Datenwelt Theorie möchte ich eigentlich nur noch anmerken, dass diese Theorie noch nicht in Stein gemeißelt wurde und erst den Anfang einer neuen Art zu denken bildet. Ihnen steht es daher zu, diese für sich selbst zu verändern bzw. zu ergänzen, solange dies auf Grundlagen der bestmöglichen Logik geschieht. Es ist daher nicht Sinn der Sache, sie so zu verändern, dass sie für einen zwar persönlich ertragbar ist, aber dann letztendlich keinen Sinn mehr ergibt. Solange dies jedoch nicht der Fall ist und die Theorie in sich schlüssig bleibt und durch ihre Einfachheit an Brillanz gewinnt, ist es für mich durchaus in Ordnung wenn Sie Ihre eigene Version daraus erschaffen.

In Verbundenheit zur Wahrheit und dem Wissen verbleibe ich:

Weitere Bücher des Autors

Eine kurze Zusammenfassung des Ganzen
1. Auflage 2014
ISBN-10: 3735785689
ISBN-13: 978-3735785688

Die höhere Erkenntnis
Ein Weg zum besseren Verständnis der Welt
1. Auflage 2014
ISBN-10: 9783735788689
ISBN-13: 978-3735788689

Die Datenwelt Theorie (1.0)
1. Auflage 2015
ISBN-10: 3734750946
ISBN-13: 978-3734750946

Reset
Der Anfang einer Neuen Welt
1. Auflage 2018
ISBN-10: 3748185324
ISBN-13: 978-3748185321

Das Handbuch der Welt
1. Auflage 2019
ISBN-10: 3748159080
ISBN-13: 978-3748159087

Notizen

Notizen